ROMPIENDO EL SILENCIO

SANIDAD INTERIOR

Argueta, Blanca Estela
Rompiendo el silencio: Sanidad interior. - 1a ed. - Buenos Aires:
Deauno.com, 2008.
98 p.; 21x15 cm.

ISBN 978-987-1462-41-4

1. Autoayuda. 2. Abuso Sexual. I. Título
CDD 158.1

© 2008, Blanca Argueta
© 2008, Deauno.com (de Elaleph.com S.R.L.)
© 2008, Imágenes de cubierta de la autora y de *Janet Araceli Argueta*

contacto@elaleph.com
http://www.elaleph.com

Para contacto con la autora: Salmista1@comcast.net o
mi.nueva.historia@gmail.com

Primera edición

ISBN: 978-987-1462-41-4

Hecho el depósito que marca la Ley 11.723

Impreso en el mes septiembre de 2008 en
Docuprint S.A.,
Buenos Aires, Argentina.

BLANCA ARGUETA

ROMPIENDO EL SILENCIO

SANIDAD INTERIOR

deauno.com

ÍNDICE

AGRADECIMIENTOS

Agradezco a Dios en primer lugar, por su misericordia y amor incondicional hacia mí.

Padre, tú sabes que te amo, eres el centro de mi vida. Encontrarme contigo ha borrado todo sufrimiento del pasado, y contar contigo en el presente, guarda mi alma de cualquier sufrimiento que pudiere sobrevenir.

Eres inigualable, nunca podría negarte. Porque si lo hiciera, me negaría a mi misma. Eres el amor que encontré en el desierto. Cuando la desesperación me agobiaba, cuando las puertas se cerraban una a una, te encontré. Yo, que no preguntaba por ti y Tú me gritaste: "¡Heme aquí! ¡Heme aquí!"

Te amo y lo declararé siempre ¡GRACIAS PADRE!

Agradezco a mis padres, por ser parte fundamental de mi existencia. Mamá, Papá, gracias. A Dios le complace que caminemos juntos este tramo de la vida, y por eso estoy muy agradecida con Él. Los amo.

Y a ustedes, hermanos: me siento orgullosa de toda la familia Hernández Tello. Gracias, los amo.

Agradezco a mi familia, a mis dos hijos:

Janet: Te amo, eres una bendición. Gracias por estar conmigo en todo momento. Por esas horas interminables de ayuda que me brindaste para que este libro fuera una realidad.

Tirzo: Te amo, eres la bendición que Dios me ha regalado. Los amo porque ustedes me dan razón para luchar.

Y agradezco a mi esposo, Tirso: le doy las Gracias.

Agradezco a mis pastores: Roberto y Elsa Tejada. Gracias por la iglesia de la cual son pastores, porque nos han bendecido, tanto ellos como ustedes. Gracias por sus consejos y su tiempo.

Agradezco, por fin, a Gisela Calderón Gamio por todo el esfuerzo y el tiempo que dedicaste para la revisión de este proyecto. Es una bendición haberte conocido.

Muchísimas GRACIAS.

INTRODUCCIÓN

Nunca como en este momento, me he sentido tan comprometida para hablar sobre el tema de abuso sexual. Por mucho tiempo he sido testigo de la falta de interés ante esta situación.

Las víctimas del abuso sexual son personas que continúan viviendo, pero como muertas en vida. Con innumerables incapacidades y con traumas enormes muchas veces incomprensibles y muy difíciles de superar.

Muy pocos quieren o se atreven a hablar acerca de este tema. La gran mayoría prefieren ignorarlo y, sin embargo, esto no cambia en lo absoluto las estadísticas que crecen cada día en forma alarmante.

Una de cada tres mujeres sufrirá abuso sexual en alguna etapa de su vida. Esa es la triste y cruel realidad.

Espero que este libro además de ayudar a las víctimas, ayude a tomar conciencia del problema tanto en las entidades cívicas como religiosas.

Si una de cada tres mujeres es abusada, según las estadísticas, quiere decir que por lo menos uno de cada tres hombres serán los posibles abusadores, acosando a una de nuestras hermanas, tías, amigas y quizás estarán cerca de nuestras hijas o hijos. Es un tema para no ignorarlo más, tomar una decisión y pasar a la acción.

Esta realidad no cambiará —por lamentable y cruel que resulte—, si nos tapamos los ojos para no ver y los oídos para no oír.

El hecho de ignorar este tema, mirando hacia otro lado, lo único que va a provocar, es mayor osadía en su brutal crecimiento.

Debemos hacer algo. Tomar una posición y decidirnos por la acción. Asumir la determinación y la responsabilidad para contribuir a ser parte de la solución. El sólo hecho que usted tenga este libro en sus manos, es muestra que será parte activa del cambio.

Confió que en la medida que usted se adentre en sus páginas, encontrará el consuelo, la sanidad y las estrategias en Dios para romper cualquier atadura y dolor. Tanto usted como su generación, caminarán en la victoria prometida por el Señor Jesucristo, a través de la sangre del pacto vertida en la cruz.

Como sobrevivientes, nuestra labor y responsabilidad consiste en ayudar y guiar a las víctimas, al único ser que puede ayudarnos y hacernos libres de esos traumas.

Dios es el único que tiene el poder de sanar en su totalidad. No pierdas tu tiempo buscando donde no existe.

Él sana, libera y restaura. Todo lo encontramos en Dios.

Una palabra dirigida a los pastores:

El abuso sexual es uno de los factores y causa de la esterilidad espiritual en los seres humanos. Una persona con este trauma jamás podrá dar fruto. Por lo tanto, es importante la ayuda y comprensión que cada uno de ustedes pueda bríndales, para guiarles a su completa sanidad.

(Nunca olviden la misericordia)

Enseguida quiero presentarles un poema escrito por una jovencita, inspirada en una niña que sufrió de abuso sexual.

Petición de una niña

Caminando por las calles, miré una niña en la tarde.
Ella andaba con una mirada
impactante la cuál nunca olvidaré.
Su mirada sin emoción,
sin ilusión a la vida,
fingía ser feliz.
Pero en sus ojos se miraba sólo tristeza.
Su rostro maltratado, caminaba asustada.
Concentrada en otra cosa... tal vez en algo cruel.
¡Oh! ¿Por qué estaba tan callada?
Todos pasaban sin mirarla,
pero yo no podía dejar de verla
y quería ayudarla, pero no pude.
Cuando quise acercarme desapreció entre la gente.
Una niña de tan sólo de siete años,
o tal vez menos,
me ha robado el pensamiento,
pensando sólo en su mirada tan derrotada,
tan infeliz, como que una tempestad vino
y le arrancó la vida por completo.
Caminaba sin ánimo, como con ganas de morir.
No confiaba en mí,
ni en los demás,
porque cuando quise acercarme desapareció.
Al fin la volví a ver,
la seguí de lejos hasta un callejón sin salida.
Por fin se sentó, y miró al cielo,
sus ojos café como tierra fina;
se llenaron de agua azul y pura,
y sus ojitos no pudieron contener,
y salió como un río inmenso de ahí.
Sentada en la oscuridad la observé de lejos,
para no asustarla de nuevo.
La escuche pedir al cielo:

"¡Ayúdame..! ¡Ya no puedo más!
Este peso es muy grande para cargarlo yo sola.
Mi alma en pedazos está.
Y mi corazón no aguanta más,
sólo vivo en tristeza,
¿Será que la felicidad no es para mí?"
Y gritó:
"¡SALVAME DE ESTA CRUELDAD QUE VIVO!"
Se acostó y dijo una cosa más:
"Señor, mis ganas de vivir se las llevo el viento.
En esas noches aprendí y descubrí qué es el dolor,
desde esas noches y esos días que viví,
mi vida es sólo soportar,
el viento solo me dejó aquí con penas y tristezas que me impiden seguir.
Te pido que en esta noche al cerrar los ojos me libres de la pesadilla que
estoy viviendo y nunca más despierte a ella."
Al escuchar eso no aguanté y lloré.
¡Ésta niña de tan solo siete años se dio por vencida a la vida!
Tan pequeña y ha pasado por cosas tan crueles,
fui corriendo y la abracé,
y luego desapareció la niña de mis brazos.
¡Y me asombré al descubrir que aquella niña que miraba tan sólo era yo!
Empezó a llover... mirando al cielo ví una señal de esperanza.
La lluvia viene, te limpia,
pero el viento que viene detrás de ella, trata de arrancar todo
de un solo golpe y duele demasiado.
Por fin sale el sol, y encuentras una sonrisa que pensabas
haber perdido por siempre.
¡CUIDADO!
Otra vez viene el viento y más fuerte que nunca,
detrás de ti, listo para devorarte de nuevo.
¡Pero esta vez no!
Lucharé para obtener de nuevo lo que me robaron.
La motivación esta en mi corazón al recordar la petición

de esa niña que vive en mí.
Aquella niña que en mí esta muriendo... por ella lucharé,
Y no me venceré hasta lograr mi meta.
¿Cuál niña? Te preguntarás.
Si miras profundamente en mis ojos la podrás mirar,
y si te quedas en silencio la podrás oír gritar,
y repetir la misma petición, una y otra vez.
Por ella seguiré.
Con las fuerzas de Dios.

JANET ARACELI ARGUETA

TESTIMONIO PERSONAL

DÍA 1

Cuando cumplí mis siete años no tuve una fiesta, ni un pastel de cumpleaños, ni un canto de felicitaciones, ni tuve regalos, ni siquiera un abrazo de mi madre.

Nunca supe la razón, de por qué mi madre no era expresiva con sus sentimientos, por qué nunca había un beso, una caricia, o una palabra de amor hacía mí. Pero el hecho de sentirla cerca de mí, me hacía sentir segura, protegida y con calor materno, y eso borraba todo razonamiento que pudiera existir.

Dentro de los próximos meses tendría mi primer día de escuela, y aquella idea mantenía ocupado todo mi pensamiento. ¡Qué emoción! Por primera vez tendría un cuaderno, un lápiz, colores, un libro y un borrador. ¡Eso era lo máximo! Tendría nuevas amiguitas, nuevas responsabilidades y derechos igual que mis hermanos. Estaría fuera de casa toda la mañana y parte de la tarde, sin que mi madre estuviera preocupada por mi ausencia.

DÍA 2

¡Yo me sentía una persona importante e independiente, con muchas ganas de vivir!

Inexorablemente el tiempo se cumplió, mis expectativas fueron superadas, si esto era lo que los adultos llamaban felicidad, yo era feliz en toda la expresión de la palabra.

Mis primeros días de clase fueron emocionantes, maravillosos. Mis primeros compañeros, mis primeros maestros. Para mí todo era nuevo y sorprendente, estaba entrando a una etapa diferente pero muy hermosa de mi vida y nunca como ese día me sentí tan plena, tan libre. Claro que la libertad siempre tiene sus retos a enfrentar, por eso en mis idas y venidas a la escuela siempre estuvieron acompañadas por alguno de mis hermanos y muchos de mis compañeros de clases.

Con excepción de *aquél día*.

Salimos de clase una hora más temprano que la del resto de los alumnos. Yo nunca hasta ese día había regresado sola a casa. Pero esa aventura que significaba el reto de volver sola, me hacía experimentar una sensación de emociones encontradas.

DÍA 3

Cruzar el río que cruzaba el camino y se interponía entre la escuela y mi casa –con su impetuosa corriente–, resultaba emocionante, aunque también me producía un poco de temor. Pero los niños temen más perderse una nueva experiencia que los peligros de la vida, de manera que junté coraje, lo dejé de lado, y comencé a caminar, decidida y con paso firme, hacia mi casa.

Qué importante me sentía. Ya me imaginaba contándole la hazaña a mis padres con lujo de detalles, y disfrutando de antemano el hecho que ellos se sentirían orgullosos de mí, de mi valentía.

El resto del camino caminé con el rostro erguido, feliz, y tal vez por eso no me percaté en qué momento me salió al paso aquél joven, preguntándome algo que hasta el día de hoy, por más que intento hacer memoria, no logro recordar.

De pronto la felicidad se esfumó. De pronto, y con violencia, ese joven desconocido empezó a tironear de mi ropa, hasta que lo consiguió y con mis ojos anegados por el llanto ví, aterrada, cómo el viento la arrastraba lejos de donde estaba a su merced...

DÍA 4

Nunca había experimentado una sensación de miedo en tan grande magnitud. Mi mente era una confusión completa, este joven estaba tratando de dañarme en alguna forma pero no lograba descifrar en qué manera.

Él logró su propósito de quitarme toda mi ropa, para luego, repentinamente salir corriendo hacía el monte, como si alguien lo estuviese persiguiendo. Rápidamente se alejó de mi vista, desubicada totalmente, no entendiendo nada, salí corriendo tras mi ropa que se encontraba detenida en unos arbustos.

Aún no había terminado de vestirme cuando me encontré con el rostro furioso de mi tío. Un tío que era un hermano de mi padre.

De pronto al verlo, experimente una inmensa vergüenza, y el temor también se hizo presente. A través de mucha violencia me hizo retroceder el camino para llegar a una casa donde vivía una hermana de mi padre. Allí pude ver la mirada de acusación de mi tía, cuando mi tío le contaba lo sucedido.

DÍA 5

Yo hubiese querido que todas aquellas historias que mis abuelos me contaban acerca de que la tierra se abría y se tragaba a las personas, se hubieran hecho realidad, en ese momento.

Hubiera sido mucho mejor que la tierra me tragase, en lugar de soportar la vergüenza a la que estaba siendo expuesta.

Nunca imaginé que dentro de mis ojos yo hubiera almacenado tantas y tantas lágrimas. Una tras otra salían sin que yo pudiera hacer nada para contenerlas.

Lo que vino después, fue un largo camino de regreso a casa. No podría decir cuantos golpes sufrí antes de llegar frente a mis padres. Lo que sí sé, es que en ese arduo, humillante y doloroso camino, mi nombre fue cambiado en su totalidad, dejé de llamarme por mi nombre para llamarme "vergüenza."

Por muchos años esa fue mi nueva identidad, la pena, la vergüenza y el dolor me acompañaron fielmente y se negaron a abandonarme.

DÍA 6

El abuso físico que experimenté por parte de mi tío, fue doloroso, pero nada comparado al dolor que experimenté al estar frente al juicio de mis padres.

El explicar lo sucedido, con lujo de detalles fue una de las demandas de mi padre quien, tratando de descubrir "algo más" de lo explicado, no se detuvo en sus agresiones físicas como: jalones de pelo, golpes, patadas y palabras hirientes y llenas de amenazas.

Perdí todas mis fuerzas y mis energías se redujeron. Me entregué a lo que fuera. Los golpes de mi tío sumados a los golpes de mi padre, terminaron por derribarme.

Una y otra vez busqué a través de la mirada de mi madre que me defendiera, pero no la encontré.

¡AQUÍ ESTOY! Gritó la culpa en mi corazón y mi mente. Sólo recuerdo que me repetía una y otra vez en mi cabeza: "¡Qué mal me he comportado!" Aunque nunca supe en que consistía ese mal comportamiento.

DÍA 7

Tampoco supe si la vergüenza y el temor eran normales, pero los adopté sin replicar. Sentí, una y otra vez, que la vergüenza, y el temor se levantaban como una muralla que se estuviera resquebrajando, amenazando desplomarse sobre mi vida para aplastarme.

A esos mismos sentimientos, en algunas ocasiones, los convertí en mis mejores aliados para poder sobrevivir. Muchas veces la vergüenza y el temor me llevaban a lugares y rincones apartados, para no enfrentarme con la realidad de mi vida.

Los días felices de mi existencia se esfumaron como por arte de magia. Todo cambió tan bruscamente que todavía no lograba asimilarlo. Mis estados de ánimo eran volubles: algunas veces lloraba, otras veces –absorta en mis propios pensamientos–, me alejaba de la realidad, de mi alrededor. Sólo estaban presentes la tristeza, la vergüenza, el temor y la ansiedad. ¿Cuándo llegó la ansiedad para afincarse en mi interior? No lo sé.

DÍA 8

Me parecía que yo no tenía ningún derecho, en ningún aspecto de mi vida. Hasta llegó a parecerme normal que mi madre diese de comer a todos mis hermanos y que se olvidase de mí. Nunca me quejé por ello, nunca repliqué ni pedí explicaciones. Hoy me doy cuenta que mi madre no lo hacía con intención de herirme.

Además, seis hermanos y dos hermanas, eran un número suficiente como para confundir quién había comido y quién no lo había hecho. Al menos, era una buena excusa para dejarme de lado.

Lo que sí recuerdo, es que cuando eso sucedía me retiraba sin decir palabra.

Lejos de casa había una gran roca en el lugar adonde se tiraba la basura de todo el vecindario. Ése empezó a ser mi lugar. Allí me refugiaba, y lloraba todo lo que yo necesitaba, para poder desahogarme.

Empecé a sentirme diferente a los demás niños, no podía encajar en sus juegos, todo me aburría, todo lo que venía de ellos me era indiferente.

DÍA 9

Esa, mi nueva condición me llevó a separarme del grupo de compañeros para convertirme en una niña solitaria.

Muchas veces en mi necesidad de comunicarme con alguien, hablaba con las plantas y los árboles, a ellos les contaba mis angustias y mis necesidades, mis miedos y mis dolores. Ellos siempre estuvieron dispuestos a escucharme.

No recuerdo haber percibido más en mi padre enojo o rechazo hacía mí. Mi madre seguía mostrándome su amor –a su manera–, en sus cuidados y dedicación. Pese a la injusticia, yo los seguía amando igual.

En apariencia –con alguna que otra excepción–, todo parecía haber vuelto a la normalidad.

De pronto, la sobre protección de mi madre la sentía como un fuego que me consumía. Ella quería saber adónde y con quién estaba, que hacía durante el recreo de la escuela, cuanto tiempo me llevaba llegar a nuestra casa.

Si me tardaba siempre quería saber la razón, quería saber quiénes eran mis amigas y de qué hablábamos.

DÍA 10

En esas ocasiones se hacía presente la ansiedad, que crecía de manera incontrolable en mi interior.

Yo sentía que mi madre tenía toda la razón, que yo no era digna de confianza, y que mi comportamiento dejaba mucho que desear. ¡Cómo podía ella confiar en mí si yo los había defraudado!

¡Defraudado! La niña que yo era, todavía no lograba discernir cuál había sido el error que había cometido y porqué le generaba tanta culpa.

Mil preguntas acribillaron mi mente. En que radicaba mi mal comportamiento. Cual había sido mi error. Pero como nunca hallé una respuesta satisfactoria, dejaba las preguntas a un lado para seguir con mi vida normal, aunque sólo lo fuera en las apariencias.

Un buen día, los recuerdos dolorosos se negaron a seguir conmigo. Mi mente, como un mecanismo de defensa, almacenó todos aquellos episodios, y los archivó en un lugar muy profundo y oscuro de mi interior y levantó una pared infranqueable en mi memoria, una barrera inquebrantable, que los tornó inaccesibles.

DÍA 11

Pero por más que los recuerdos quedaron encerrados en lo más profundo de mí, lo que permaneció fue la tristeza la vergüenza, el temor, la culpabilidad, la angustia y la ansiedad, como compañeros inseparables que se negaban a abandonarme. Siguieron estando allí guardados y ocultos con el paso del tiempo, por momentos difusos, pero persistentes, tenaces e inclementes.

En esta condición llegué un día a la pubertad y a continuación me topé con la adolescencia, esa etapa del ser humano ya de por sí tan confusa y difícil de transitar, que para mí se transformó en un calvario. Se avivó en mí el desconcierto. No sabía qué me pasaba. Mis sentimientos eran una maraña de confusión y empecé a odiarme hasta el punto de sentirme detestable ante mis propios ojos.

Recoger agua del río para las labores de casa era un trabajo de rutina de todos los días que a mí me agradaba hacer. O por lo menos, tal como me acuerdo, era una de las pocas tareas que hacía con entusiasmo y alegría.

Un día como tantos otros me dirigí hacia el río y me encontré con un joven conocido. Me acuerdo que ni siquiera pude saludarlo, por la vergüenza que me caracterizaba. De manera que sin decir ni una palabra y evitando mirarlo, llené mi vasija y me dispuse a partir. Cuando empecé a caminar, aquél joven se me acercó y otra vez sobrevino la pesadilla del acoso con violencia. Empezó a decirme cosas y después me cerró el paso. Me sujetó, pero con determinación y todas mis fuerzas, luché y me solté de sus manos y le arrojé encima toda el agua de mi vasija en mi intento por defenderme. No sé de dónde saqué fuerzas para soltarme de su abrazo y para darle un empujón que lo hizo trastabillar y caer sobre las piedras de la orilla. Yo, aterrada, salí corriendo hacia mi casa, sin siquiera darme vuelta para ver si el joven se levantaba del lugar donde había quedado tendido para correr tras de mí.

Lo único que quería era alejarme de allí y regresar a mi casa lo más pronto posible.

DÍA 12

No puedo –siento que me cuesta lo indecible–, explicar con palabras y con exactitud, todo lo que pasó por mi mente mientras corría desesperada.

Lo que sí puedo decir, porque lo recuerdo con claridad, es que no me detuve hasta estar frente a mi casa.

Al ver a mi madre, fingí una calma que no sentía, traté de disimular mi ansiedad y la esquivé como pude para dirigirme hacia mi cuarto.

El corazón parecía querer salirse de mi pecho. Agotada por el esfuerzo y la carrera, me tiré sobre la cama tratando de pensar que le diría a mi madre, porque no había traído del río ni una gota de agua en la vasija. Pero la pregunta que me carcomía y daba vueltas y más vueltas en mi mente era cómo me iba a justificar.

Con la mirada clavada sobre las losetas del techo de la casa, tome una decisión: le contaría a mi madre lo sucedido y ella entendería. Al menos, eso pensé. Inmediatamente me levanté, decidida pero entonces el temor me ganó y me dejé caer en la cama sin fuerzas, sin voluntad, con la angustia dibujada en mi rostro y el temor que iba ganándome a medida que volvían aquellos recuerdos que habían quedado sepultados en uno de esos callejones de nuestro interior en el que no nos atrevemos a mirar por miedo a lo que podemos encontrar allí.

Día 13

Todos los recuerdos, uno tras uno, fueron llegando, casi atropellándose. Con lujo de detalles recordé el intento o abuso sexual de mi niñez. Más que los golpes de mi tío, recordé los golpes de mi padre, sus palabras hirientes y sus amenazas.

Entendí que no podría hablar de esto con mis padres, ya que ellos, que no comprenderían lo sucedido, seguramente volverían a tratarme de la misma forma.

Estuve llorando por horas en aquel lugar sin poder recuperarme. Mi mundo, que por un tiempo había vuelto a la normalidad, volvía a derrumbarse sobre mí una vez más. Nunca, como ese día, experimente la soledad.

De qué valía —me pregunté—, tener ocho hermanos, un padre, una madre, cuatro abuelos, y un montón de familiares si en realidad estaba tan sola frente a una situación de la que yo no era responsable.

En ese momento aquellos sentimientos de culpabilidad que había guardado en mi interior sufrieron un tremendo revés, ya no estaba tan segura de que yo hubiera sido la culpable de lo que había pasado cinco años atrás.

Día 14

Confundida, turbada, desorientada, con mil preguntas para hacerme de las que no encontraba respuesta, debo haber decidido quedarme dormida para no pensar más.

En mis sueños, el acoso de uno me perturbó en particular. Soñaba que caía a un gran abismo lleno de tinieblas y nunca terminaba de caer. Esa pesadilla fue la que me despertó al día siguiente. Entonces pude recopilar todo lo acontecido del día anterior, para darme cuenta de mi realidad. De ella no podía escaparme aunque quisiera.

Lo que aconteció en los días siguientes fue una tremenda persecución.

Yo tenía que seguir con mi responsabilidad de todos los días, la cual era el de traer el agua a casa. Y por fuerza, tenía que pasar frente a la casa de aquel joven, al cual terminé teniéndole no miedo, sino un terror profundo.

DÍA 15

Para poder cumplir con mi trabajo me invente un sinfín de caminos, sin importarme que eso me requiriera caminar el doble y en muchas ocasiones el triple.

Pero valió la pena, nunca más me encontré a solas con él.

Por ser amigo de mi padre, muchas veces llegaba a casa, y yo, salía corriendo a estar cerca de mi madre, o de alguna de mis hermanas mayores. Fue allí donde por primera vez el sentimiento de odio llegó a mi vida.

Cuando todos en mi familia se descuidaban, aquel joven me miraba de lejos y se reía de una forma burlona de mí. Eso generó en mi interior aquel sentimiento, que al final no era tan malo: Me sentía muy bien odiándolo.

Odiar a aquel joven fue mi única defensa. Por nada en el mundo estaba dispuesta a encontrarme en otra situación similar.

DÍA 16

Todo el tiempo estaba junto a mi madre o de mi hermana mayor. Ellas sin saberlo se convirtieron en las mejores fortalezas de mi vida, sin su protección no sé qué hubiera sido de mí.

Dios en ese entonces, solo era una religión, un mito, algo inalcanzable para mí. Sin embargo agradecí a Dios, cuando me gradué de primaria y mi padre se negó rotundamente a que continuara con mis estudios: "¡Las mujeres no tienen necesidad de estudiar!" Eran siempre sus palabras. Y aunque yo no compartía en lo absoluto su forma de pensar, en esta ocasión me pareció la mejor decisión.

No hubiese sabido que hacer, como enfrentarme a aquellos jóvenes que me habían causado tanto daño. Y no solo ellos. A estas alturas de mi vida cualquier situación, o cualquier ser humano, sin importar el sexo generaban en mí una sensación de temor, de angustia, la cual no puedo explicar con palabras.

DÍA 17

Los días transcurrían lentamente, parecía que el tiempo se negaba a seguir su curso natural. Cada vez que atardecía y venía la noche experimentaba un gran alivio en mi interior. La noche se convirtió en mi mayor aliada. En ella refugiaba mis pensamientos. También lo hacía tanto en la música como en la escritura. Escribía historias ficticias, y felices, muy alejadas de mi realidad.

Llegaron mis quince años y con ellos, los jóvenes interesados en mi amistad y –porqué no decirlo–, en establecer una relación de noviazgo. Con ellos llegaron las ilusiones, la atracción natural, hacía el sexo opuesto. El deseo normal en la adolescencia.

Parecía que mi vida estaba dando un vuelco total. Todo no parecía tan malo como yo había pensado.

Mi primer relación de noviazgo fue muy linda, hasta que descubrí en su mirada, en su rostro, los mismos rasgos de aquellos jóvenes, que habían abusado de mí.

Día 18

Fue una decepción muy grande cuando descubrí que cada uno de los jóvenes que me atraían al principio, al final siempre terminaba odiándolos por la misma razón.

No existió ni siquiera uno al cuál no le descubriera un parecido, una risa, un gesto o una palabra. Cualquier situación era motivo de comparación y de rechazo de mi parte.

Parecía que aquellos jóvenes eran sólo fantasmas, que me iban a seguir toda mi vida.

El odio y el resentimiento llegaron con toda su fuerza, y aliados con la rebeldía hicieron estragos en mi interior. Me rebelé totalmente a lo establecido: a mis padres, a la religión y todo. A esta altura de mi vida nadie tenía autoridad sobre mí. Yo hacía y decidía sin pedir permiso o consejo alguno.

Habían pasado cuatro años más. Pero a mí me parecían una eternidad.

DÍA 19

De los quince a los diecinueve años de edad, yo ya había convertido mi casa en una cárcel, en la cuál me recluí voluntariamente.

Mis nervios parecían una bomba de tiempo que amenazaba explotar en cualquier momento, mis manos temblaban de una manera incontrolable, pero delante de la gente las escondía o las ocupaba en alguna labor, para que nadie notara mi descontrol.

La mayoría de mis hermanos ya habían formado sus propias familias, lo cual me ayudó a estar más tiempo a solas. Ya que yo era la más pequeña de los cinco primeros hermanos.

Me rebelé totalmente a la religión de mis padres. Todo aquello me parecía una farsa y me negué a seguirla. Mi única religión, o la que yo trataría de seguir. Era aquella que me podría ayudar a salir de aquella situación, que me agobiaba.

DÍA 20

Un buen día me levanté decidida a no sentirme culpable por lo sucedido. Me levanté decidida a huir de mi familia y de toda aquella gente del pueblo, que de una o otra forma recordaba mi pasado.

En los Estados Unidos encontré mi refugio. A este país llegue a mis diecinueve años de edad.

En esta nación respiré aliviada por primera vez, después de doce años de ansiedad.

Por algunos años viví una calma aparente. Pasado un tiempo, formé una familia uniéndome con mi esposo, que fue el único hombre en el cual nunca vi un rasgo de aquel pasado. También tuve un hijo y una hija, los cuáles se convirtieron en la razón de mi existencia.

De pronto mis inseguridades surgieron con más fuerza. La ansiedad volvió a reaparecer con mayor ímpetu que antes.

Hasta que un buen día me encontré con las buenas nuevas del evangelio.

DÍA 21

Ese mensaje de salvación llamó poderosamente mi atención, al punto que acepté a Cristo como mi único y suficiente salvador.

Me entregué totalmente a su servicio, para luego encontrarme con un conflicto, que chocaba en mi mente y mi interior. El mensaje de amor, de esperanza y misericordia, muchas veces venía mezclado con condenación, y con culpabilidad. Me negué a sentirme culpable, ya que toda mi vida había convivido con la culpabilidad. Y cuando el mensaje me hacía sentir culpable, lo rechazaba con todas mis fuerzas: "¡Yo no soy culpable!" Me repetía una y otra vez, en mi mente. "¡Ellos, los que me dañaron, son los culpables!", me decía siempre. Con esos argumentos me defendí por muchos años negando así mi sanidad. El mensaje siguió igual, lleno de condenación y culpabilidad, mezclado con algunos gajos de compasión y misericordia.

DÍA 22

Hasta que un día, desesperada le supliqué a Dios, "¡Si quieres que perdone enséñame cómo, no me culpes, que de culpabilidad estoy harta!"

Aparentemente Dios no me escuchó. Todo seguía igual. En ocasiones llegaba a la iglesia y salía peor. Hasta que llegué a pensar que eso era el evangelio completo. Señalarte tu falta, tu error y exhibirte públicamente. Y muchas veces se reían de ti porque conocían tu situación, tu imposibilidad, tu rebeldía, tu falta de humildad y tu falta de capacidad para perdonar.

Creer que aquello era el evangelio completo no fue lo peor que me pasó, sino que comencé a predicarlo, y tal cual lo aprendí, tal cual lo prediqué. Hasta que un día me sentí rechazada por toda una iglesia, no por los mensajes, sino por nuestros propios errores. De pronto me sentí rechazada aún por el mismo Dios.

Día 23

Para mí ya no había esperanza, parecía como si el interior de mi cuerpo y de mi alma se hubiera transformado en un gran desierto vacío y carente de vida.

Una vez más volví a experimentar la misma soledad que había percibido cuando era pequeña. Lloré y discutí muchas veces con Dios, para luego caer derrotada pidiéndole perdón, declarándole que pasara lo que pasara yo seguiría amándolo. Fue entonces que Dios me reveló mi culpa, mi pecado.

En **Romanos 3-10** dice:

"No hay justo, ni aún uno".

Toda mi vida había girado alrededor de mí. Pensando siempre en el pecado que otros habían cometido en mi contra. En mis problemas, mis sufrimientos, mis angustias y mis temores. Nunca me detuve a pensar ni por un instante en los demás. En sus propios problemas y necesidades, al menos no tan conscientemente como hasta este momento.

Ensimismada en mi dolor y mi padecer, llegué a pensar que yo era la única persona que sufría en este mundo.

SANIDAD INTERIOR

DÍA 24

En mi egocentrismo siempre había sido yo, Yo, y YO, centrada totalmente en mi propio y único mundo. El egocentrismo tiene dos caras, como una moneda. En un lado tiene atrapados a personas que creen que lo merecen todo y se muestran altivos, arrogantes, manipuladores, orgullosos y con una autoestima superior a cualquier otra persona, teniendo un alto concepto de sí mismos, aunque no sea más que una fachada. En el otro extremo –el que era mi caso–, encontramos a personas con una autoestima demasiado baja, que también piensan y sienten que el mundo gira alrededor de ellos. Llenos de vergüenzas, inseguridades y temores. En fin, los dos lados del egocentrismo cautivan a las personas hasta llevarlas a un nivel de orgullo tal que, a los ojos de Dios, constituye un pecado muy grave.

Nunca pensé que mis vergüenzas, y mis temores no eran más que orgullo disfrazado. Mis ojos espirituales fueron abiertos a través de la Palabra.

DÍA 25

La Palabra predicada, enseñada con amor, misericordia y compasión, fue la que trajo la sanidad a mi interior.

En **Isaías 61** dice:

"El Espíritu de Jehová, el Señor está sobre mí, porque me ungió Jehová; Me ha enviado a predicar buenas nuevas a los abatidos, a vendar a los quebrantados de corazón, a publicar libertad a los cautivos, y a los presos apertura de la cárcel; A Proclamar el año de la buena voluntad de Jehová y el día de venganza del Dios nuestro, a consolar a todos los enlutados; A ordenar que a los afligidos de Sión se les dé gloria en lugar de ceniza, óleo de gozo en lugar de luto, manto de alegría en lugar del espíritu angustiado y serán llamados árboles de justicia plantío de Jehová para gloria suya".

Isaías 61: *"Se hizo rhema dentro de mi interior y deshizo todas las obras de Satanás, en las que había estado cautiva durante tantos años, y me dio una completa sanidad".*

DÍA 26

Satanás utiliza la ignorancia en la Palabra como un arma poderosa para destruirnos, y desde sus tinieblas nos roba, nos mata y nos destruye.

Pero Jesucristo ha venido para darnos vida abundante.

En **Isaías 61** nos habla de una condición física, pero también nos habla de la condición interior del ser humano. Nos habla de problemas que han afectado a la humanidad desde que el hombre desobedeció su mandato. El profeta Isaías nos habla de personas abatidas. Abatidos. Los abatidos son personas que están llenas de temores, reales o imaginarios. Viven con sus mentes turbadas, faltos de fuerza y motivación. Sus corazones están cargados de incredulidad y soledad. Débiles, desalentados, sufren de insomnio, de depresión, de desesperación y agobio.

DÍA 27

El salmista confrontaba su alma y la instaba, tratando de conducirla a la obediencia.

En **Salmos 42-5** dice:

¿Por qué te abates, Oh, alma mía, y te turbas dentro de mí? Espera en Dios; Porque aún he de alabarle, salvación mía y Dios mío.

En **Isaías 53-4** Dice:

"Ciertamente llevó Él nuestras enfermedades y sufrió nuestros dolores; Y nosotros le tuvimos por azotado, por herido de Dios y abatido.

Jesucristo pagó por nuestro abatimiento, para darnos libertad. Él sufrió por nosotros. Gracias a Él no tenemos porque estar más abatidos. Su muerte y resurrección nos han dado sanidad a nuestras emociones. No más desesperanza ni soledad, ya que no tienen porqué ser nuestro pan de todos los días.

DÍA 28

QUEBRANTADOS DE CORAZÓN

Los quebrantados de corazón, son personas a las cuales se les han violado sus derechos. Dios en sus mandamientos, en sus decretos, y en sus estatutos, nos dio derechos de protección en todas las áreas de nuestra vida. Estas áreas incluyen el área física, espiritual, sexual, y todo aspecto en general, y cuando estos derechos son quebrantados, se produce esta condición. En esta condición les es imposible perdonar, hasta que acepten a Jesucristo, y Él se haga presente, para sanar y vendar todas sus heridas.

CAUTIVOS

Los cautivos son personas que han caído bajo el poder de Satanás. Están involucrados en el satanismo, en la hechicería, en el ocultismo y todas sus derivaciones. Están atrapados y seducidos a toda clase de compulsiones y ataduras. Son personas sin deseo de cambio, quienes están rendidos totalmente ante su condición.

DÍA 29

El Antiguo Testamento relata que a los cautivos de guerra, se les ponía el pie en el cuello, para demostrar con esa acción, un control, y dominio total sobre ellos.

En **Salmos 110-1-2** dice:

Jehová dijo a mi Señor: Siéntate a mi diestra, hasta que ponga a todos tus enemigos por estrado de tus pies.

Jehová enviará desde Sión la vara de tu poder; Domina en medio de tus enemigos.

En **Isaías 52-2** Dice:

Sacúdete del polvo; Levántate y siéntate Jerusalén; Suelta las ataduras de tu cuello, cautiva hija de Sión.

Jesucristo no va a venir a quitar el pie de Satanás de nuestro cuello. Él ya lo hizo en la cruz del calvario. Sólo debemos de creer, levantarnos y sacudir el polvo de las maldiciones generacionales y echar a un lado toda atadura de Satanás.

DÍA 30

PRESOS

Los Presos son personas ciegas espiritualmente. Todos los días se auto-alimentan de orgullo y vanagloria. Viven engañándose a sí mismos y confundidos, atormentados por el miedo al fracaso, por perder sus castillos edificados en el aire, en su imaginación.

En **Jeremías 17-9** Dice:

Engañoso es el corazón más que todas las cosas, y perverso; ¿Quién lo conocerá?

Estas personas confían en sus propios juicios, aunque estos estén en contra de la voluntad de Dios, y de su Palabra. Les gusta criticar y señalar las faltas de otros, son vengativos y violentos, sus mentes siempre están meditando mal contra otros, y les molesta los triunfos, y las victorias de los demás.

DÍA 31

En **Romanos 12-2** Dice:

No os conforméis a este siglo, sino transformaos por medio de la renovación de vuestro entendimiento, para que comprobéis cual sea la buena voluntad de Dios, agradable y perfecta.

En **Ezequiel 11-19-20** Dice:

Y les daré un corazón y un espíritu nuevo, pondré dentro de ellos. Y quitaré el corazón de piedra de en medio de su carne, y les daré un corazón de carne, para que anden en mis ordenanzas, y guarden mis decretos y los cumplan, y me sean por pueblo, y yo sea a ellos por Dios.

En **Isaías 55-8** Dice:

Porque mis pensamientos no son vuestros pensamientos, ni vuestros caminos mis caminos.

DÍA 32

Lo que Dios quiere es que adquiramos la mente de Cristo, que pensemos como Él piensa, que traigamos todos nuestros pensamientos cautivos a su obediencia.

ENLUTADOS

Los enlutados son personas que han perdido a un ser amado, por causa del abandono. Las personas que han sido abandonadas, viven toda su vida ligadas en su pensamiento a la persona que las abandonó. Eso las imposibilita a rehacer sus vidas una vez más. También son personas que han caído en el fracaso, personas que no han podido conseguir lo esperado, o lo han perdido todo en el intento.

Jesucristo vino a ordenar que a los enlutados, se les dé consuelo en vez de luto. Jesucristo es el Señor de la restitución. En Dios no existe el fracaso, el que está en Cristo no conoce la derrota, ya que somos más que vencedores.

DÍA 33

Jesucristo en la cruz de calvario, aparentemente "fracasado" ha llevado al Reino de los Cielos a una multitud sin limites.

En el diccionario de Dios no existe la palabra fracaso, para los que en Él confían.

En **Malaquías 4-2** Dice:

Mas a vosotros los que teméis mi nombre, nacerá el Sol de justicia, y en sus alas traerá salvación. Y saldréis, y saltaréis como becerros de la manada.

AFLIGIDOS

Los afligidos, son personas que han sido sometidas a extremos sufrimientos, tanto físicos como mentales. Son personas que están emocionalmente destrozadas, amargadas, temerosas y angustiadas.

En **Salmos 34-17** Dice:

Claman los justos, y Jehová oye, y los libra de todas sus angustias.

DÍA 34

En la mayoría de las enseñanzas tanto en el Antiguo Testamento, como en el Nuevo Testamento, Dios habló y se interesó, por el interior del ser humano.

ÉL ENSEÑÓ

Del interior salen los buenos y malos pensamientos.

Limpia el vaso de adentro primeramente.

Lo que sale de la boca es lo que contamina al hombre.

El que en mí cree como dice la escritura, de su Interior correrán ríos de agua viva.

Porque de la abundancia del corazón habla la boca.

En **Isaías 1-6** Dice:

Desde la planta del pie hasta la cabeza no hay en él cosa sana, sino herida, hinchazón y podrida llaga, no están curadas, ni vendadas, ni suavizadas con aceite.

DÍA 35

En este texto, Dios estaba enfocándose y señalando la condición interior de su pueblo. En este texto, Dios estaba refiriéndose a su interior, Él mira la condición del corazón del hombre porque ahí es donde está la vida.

Su pueblo estaba herido y sus heridas no sólo estaban hinchadas e infectadas, sino que estaban podridas. Esto era señal de que nunca se habían tratado, como el texto lo dice, este mismo texto nos habla que la desobediencia era la culpable de esa condición.

El pecado es la única puerta por el cuál Satanás puede herir al ser humano en su interior. Así como existe un sinfín de armas, que el hombre ha inventado para "defenderse" de otro ser humano. De la misma manera Satanás tiende lazo para hacer caer al hombre, y tomar ventaja para destruirlo, y el pecado es su mejor arma.

CONSECUENCIAS DEL PECADO

DÍA 36

Los mandamientos, los decretos y los estatutos, nos hablan del cuidado especial que deberíamos de tener al tratar con otro ser humano. Cuando descuidamos esas ordenanzas Satanás toma ventaja y nos hiere.

El daño que Satanás hace al ser humano es de la misma relevancia. No importa si otros pecan contra nosotros o si nosotros pecamos contra ellos.

EJEMPLO

Una mujer que decide abortar, no sólo le quita la vida a un ser humano, sino que parte de ella se muere con él. Los testimonios nos hablan de que estas mujeres nunca vuelven a recuperarse, hasta que se encuentren con Jesucristo, y Él, una vez más, les devuelve su integridad.

El castigo para quién indujera un aborto era de ojo por ojo, diente por diente, vida por vida.

DÍA 37

EJEMPLO

El abuso, sin importar de que índole, produce que las víctimas odien al victimario. Convirtiéndose así, esa acción en pecado. Pero también el victimario queda atado en cárceles de toda clase de maldad, que lo inducirán cada vez más al pecado, y lo destruirá. Si es que antes no se encuentra con Jesucristo.

EJEMPLO

El que murmura y levanta contienda, entre hermanos, entra automáticamente, a pertenecer a una de las siete cosas que Dios más aborrece. Pero también las víctimas quedan devastadas con esa acción.

EJEMPLO

Las personas que juzgan a otros sin misericordia, y sin examinar correctamente, y de acuerdo con la Palabra de Dios. Juicio sin misericordia tendrán, y con la medida que midieron, serán ellos medidos.

DÍA 38

EJEMPLO

Basándome en el tema de este libro que es sobre el abuso sexual, podemos señalar que el abusador atraerá maldiciones para sus hijos, que los seguirán de generación, en generación, y no se detendrán hasta destruirles uno a uno. Si es que el abusador no se arrepiente de su pecado.

EJEMPLO

Las personas que cometen adulterio, pecan contra su propio cuerpo. Quebrantan el pacto de fidelidad hacía la otra persona, causándole un daño irreparable. Sin embargo los más dañados son ellos mismos.

En **Proverbios 6-32-33** Dice:

Más el que comete adulterio es falto de entendimiento; Corrompe su alma el que tal hace. Heridas y vergüenza hallará, y su afrenta nunca será borrada.

DÍA 39

En otras palabras no existe provecho o ganancia en el pecado. O en ser vengativo, o en herir a otros, porque al hacerlo nos estamos dañando nosotros mismos.

Por lo tanto, siempre que se quebranten los mandamientos de Dios, y se cometa pecado, las dos partes, tanto el que daña como el que recibe el daño, salen perdiendo.

Los diez mandamientos, expresados en la Biblia, nos muestran claramente el corazón de Dios, lleno de compasión, amor y misericordia.

La ley no fue puesta con el propósito de fastidiar la vida al ser humano, sino con el propósito de cuidar, de proteger, y de poner vallado al rededor tuyo y mío. Él dio leyes para protegernos, por que le interesaba nuestra vida y nuestro bienestar. Dios es justo, y no permitiría que nadie practique la injusticia sin una consecuencia.

DÍA 40

Cuando Dios estaba promulgando los mandamientos su preocupación eras tú, pero también le preocupaban los demás. Por lo tanto, antes de herir y juzgar a los demás, piensa, reacciona y recapacita.

El pecado es una trampa, donde Satanás atrapa sin importar religión, raza, o esfera social. ¡No te dejes engañar! Satanás es astuto, él tiende lazo y caza, a todo aquél que está o actúa fuera de la Palabra y de la voluntad de Dios.

Satanás es un ser perverso y su naturaleza es la falsedad, él se entremete entre las tinieblas y la ignorancia y desde ahí roba, mata y destruye al ser humano. Y mientras no es descubierto seguirá mintiendo y arruinando con sus artimañas.

No debemos abrazar la ignorancia en la Palabra, porque es una de las causas de la muerte espiritual.

SÍNTOMAS DEL ABUSO SEXUAL

DÍA 41

Por siglos, el abuso sexual se ha convertido en la aberración, y el arma más poderosa usada por Satanás para destruir. Por medio de la ignorancia y la vergüenza él ha mantenido a las víctimas sufriendo en silencio, las cuáles prefieren sufrir antes de ponerse en evidencia, negándose a recibir cualquier tipo o clase de ayuda.

Toda clase de abuso, deja secuelas gravísimas que afectan la personalidad de las víctimas, pero en el caso del abuso sexual las consecuencias son aún más graves.

Los síntomas muchas veces se pueden confundir con enfermedades o con cualquier otro tipo de problemas. Por eso es importante que pongamos interés en ellos y les demos la importancia debida. Y en un grado mayor si somos padres. Pero sobre toda clase de síntomas, debemos estar siempre pendientes de lo que nuestros hijos nos digan, ellos rara vez mienten acerca de estas situaciones de abusos.

DÍA 42

SÍNTOMA 1

Los miedos y las fobias. Son los síntomas más comunes. Se desarrollan miedos aún de los seres humanos y en un grado mayor al sexo opuesto, o al sexo del cuál ha venido el abuso.

También se desarrollan fobias de toda clase.

Por ejemplo la claustrofobia, que es el miedo exagerado a los lugares cerrados, a la oscuridad y a las tormentas.

También se desarrollan fobias a todo tipo de animales, como por ejemplo, a las arañas, a las serpientes, a las ratas etc., etc., etcétera.

Los miedos y las fobias vienen acompañados de una dosis muy alta de ansiedad y angustia. En realidad todos los síntomas vienen acompañados con estos sentimientos destructivos.

DÍA 43

Las víctimas son afectadas en sus emociones y sentimientos, de una manera tan terrible que muchas veces las palabras no son suficientes para explicar el trauma con exactitud.

SÍNTOMA 2

Otro síntoma común es la enuresis, o el orinarse involuntariamente. Generalmente esto sucede por las noches.

Este síntoma puede generar burla, enojo y frustración, en las personas que rodean a las víctimas, por el hecho de no entender la situación, dejando a las víctimas con mucha presión y angustia por no saber como controlarlo.

SÍNTOMA 3

Otro síntoma son los malos sueños, o las pesadillas.

DÍA 44

En mi caso, soñaba que caía en un pozo lleno de tinieblas, y nunca terminaba de caer, y eso me aterraba no sólo por la sensación de la caída, sino porque no tenía fin. La angustia y desesperación del sueño me afectaba, aún después de despertarme.

SÍNTOMA 4

Otro sueño común es el de soñarse descalza, o desnuda, y sentir una desesperación por no encontrar con que cubrirse, o con qué calzar el pie. Muchas veces, un sentimiento de vergüenza se experimenta durante el tiempo que dura la pesadilla, o el sueño. Pero también estas pesadillas conducen a las víctimas, a un estado de angustia, no sólo en el sueño, sino que son afectadas en la vida real.

La angustia del sueño traspasa a la realidad y afecta a las víctimas, las cuáles no saben como deshacerse de esa sensación.

Día 45

Síntoma 5

Otro síntoma es la **anorexia nerviosa**, la cual es un rechazo activo o pasivo del alimento.

Ésta condición lleva a las víctimas a no ingerir alimentos, por temor a engordar. Se puede decir que es una fobia a la obesidad.

Síntoma 6

Otro síntoma es la **bulimia nerviosa**. Ésta condición se manifiesta por una actitud compulsiva de ingerir alimentos, acompañada de un sentimiento de culpabilidad, provocado por el temor a la obesidad. Es muy habitual encontrar este síntoma en personas que han sido víctimas de abuso verbal y emocional.

La **anorexia** procura quitar de la dieta diaria, los alimentos ricos en grasas y calorías, hasta el grado de llevarlas a no ingerir ninguna clase de alimentos. La **bulimia** utiliza el método del vómito para deshacerse de todo el alimento que la persona ingiere. Ambos son disturbios producidos por factores emocionales, en la raíz de los cuales se encuentra, de manera invariable, el desamor.

DÍA 46

SÍNTOMA 7

Existe otra condición que no sé si es más grave o no, porque de esta condición jamás la he oído hablar en términos médicos. Pero sé que afecta a un sin numero de personas, no importando si se trata de adolescentes o de personas adultas.

Esta condición conduce a las víctimas a abstenerse de alimentos durante todo el día, pero por la tarde, las lleva a comer compulsivamente, creando un desorden alimenticio muy grave.

Es como mezclar la anorexia y la bulimia para formar de las dos una. La cual se manifiesta con los mismos temores y fobias por la obesidad.

Esta clase de síntomas son el resultado del rechazo hacía su propio cuerpo, originado en la culpabilidad que se adquirió por el abuso de cualquier tipo, ya sea abuso físico, abuso verbal o abuso emocional. Pero, posiblemente, el de mayor grado es el abuso sexual.

DÍA 47

Esta clase de rechazo, hacía su propio cuerpo o hacía uno mismo, no se razona, ni se cuestiona, las víctimas aprenden a aceptar todo lo que les dicten sus emociones y sentimientos.

Síntoma 8

Otro síntoma es la **amnesia emocional**. Las víctimas aprenden a ocultar sus emociones, y sus buenos sentimientos. Al grado que se les dificulta demostrar el amor y afecto a sus seres queridos, así como a sus padres, hermanos, familiares y amigos. Los cuáles nunca se enterarán de sus verdaderos sentimientos.

Síntoma 9

Otro síntoma es la **amnesia mental**: que se manifiesta con la perdida de la memoria.

La perdida de la memoria, puede ser parcial, y en el peor de los casos se puede sufrir de la perdida total.

Día 48

La mente levanta un mecanismo de defensa e inyecta un estado de amnesia, para poder sobrevivir al trauma generado por el abuso.

En mi caso, yo tuve una perdida parcial de mi memoria, sólo olvide los momentos que tuvieron que ver con el trauma. Los recuerdos se evocaron, cuando sucedió otra situación similar. La mente activa estos mecanismos de defensa, y ase uso de ellos en momentos traumáticos.

Síntoma 10

Otra consecuencia del abuso es el suicidio. El consumo de drogas y alcohol a muy temprana edad. Toda clase de adicciones pueden generarse en las víctimas. Como por ejemplo: adicción a la pornografía, a la masturbación y al sexo. O en el otro extremo las personas pueden manifestar el síntoma totalmente contrario: la frigidez, que consiste en el hecho de no sentir ningún deseo de tener relaciones sexuales.

DÍA 49

SÍNTOMA 11

Otro síntoma es la mutilación del propio cuerpo.

De este síntoma he oído hablar poco. En mi caso nunca lo sufrí, tal vez por eso no logro entenderlo. Pero lo he encontrado en algunas víctimas, sobre todo cuando afloran los sentimientos destructivos, como por ejemplo: el enojo, la ira, la ansiedad, el temor y la impotencia. Entonces sale a flote, las personas en su rabia y desesperación frotan una parte de su cuerpo, por ejemplo sus brazos, hasta llegar a causarse daño.

Es tanta la desesperación de las víctimas, que muchas veces sentirán la misma presencia del abusador en sus cuerpos. Y, sin razonarlo, las víctimas tratarán por todos los medios posibles de deshacerse de esa sensación. Y en este caso trataran de hacerlo por medio de la mutilación de su propio cuerpo. Quizás, la "moda" de los tatuajes y los **piercing**, que consisten en dejar una abertura en el cuerpo humano para colocar un pendiente, que en otras culturas reflejaban valores culturales, religiosos y espirituales, pero en este mundo globalizado, son parte de la moda, del erotismo, el inconformismo o una identificación con una subcultura.

Día 50

Síntoma 12

Otros síntomas son los **comportamientos evasivos**. El no querer que nadie los toque físicamente. El evitar todo contacto con las personas, sobre todo con el sexo opuesto, o del sexo del cuál ha venido el abuso. En síntesis, impedir toda relación con otras personas. En mi caso, yo evitaba las reuniones familiares y de toda índole. Me recluí no solo en mi casa, sino que llegué al punto de encerrarme en mi cuarto, el cual tenía una delgada cortina que lo dividía del resto de la casa. Inventé un sinfín de pretextos para impedir la entrada no sólo a mi familia, sino a cualquiera que por cualquier motivo quisiera invadir mi privacidad.

Las víctimas trazan límites y por nada del mundo ceden su terreno, el cual, cada vez se hace más y más pequeño, hasta crear en las víctimas una sensación de ahogo.

Consecuencias del Abuso Sexual

Día 51

Antes de continuar es importante aclarar que la mayoría de los síntomas de abuso sexual, se presentan en las víctimas, si éstas fueron abusadas en la adolescencia, o en la época de la niñez, y que continuarán con ellas por toda una vida, si es que estas no reciben alguna clase de ayuda.

Las consecuencias del abuso sexual, se manifiestan en todas los aspectos de la vida incluyendo el área física, emocional, social, espiritual y sexual.

Podemos afirmar sin lugar a dudas, que toda la personalidad de las víctimas es afectada.

Área física

En el área física, encontramos consecuencias temporales y permanentes.

Las heridas físicas que pueden quedar después del abuso sexual son pasajeras. Pero las permanentes pueden durar por toda una vida.

Día 52

Estas consecuencias pueden ser enfermedades transmitidas sexualmente, como es el caso de la clamidiasis, el herpes, la sífilis, y en el peor de los casos el VIH o (SIDA) todas estas enfermedades pueden llegar a las víctimas a través del abuso sexual.

Área emocional

Las víctimas de abuso sexual, experimentan un descontrol emocional terrible y se manifiesta a través de sentimientos destructivos como: ira, ansiedad, vergüenza, odio, tendencia a la soledad, los temores y la angustia. Emocionalmente destrozadas y confundidas, en la mayoría de los casos les dan cabida a espíritus de rechazo. Este espíritu provoca en las víctimas, que todos las rechacen y las menosprecien, sin ningún motivo aparente. Por lo tanto las víctimas vivirán escondiéndose de todos, pensando que eso les evitará el dolor que produce el rechazo.

Día 53

Este espíritu actúa como un imán, y atraerá hacía las víctimas todo el rechazo y menosprecio posible hasta destruirlas. Se puede decir, que es como una persecución, que no parara hasta lograr su objetivo.

Por eso es importante, que las víctimas sean ayudadas, ya que por ellas mismas jamás podrán salir de la cautividad en la que se encuentran. También puede llevarlas al otro extremo. Adoptan una alta autoestima de sí mismas, piensan que todo lo pueden, que todo lo merecen, que nadie tiene el derecho de llamarles la atención, que son autosuficientes. Por lo tanto, de ningún modo reconocerán su dependencia de otras personas y mucho menos de Dios.

El orgullo y la soberbia se pueden convertir en sus principales fortalezas. Por lo tanto las víctimas no querrán nunca salirse de aquello que para ellas es su protección.

DÍA 54

ÁREA SOCIAL

En el área social, las víctimas se comportan antisocialmente, no porque lo quieran ser sino porque existe un miedo exagerado al rechazo. Por lo tanto tienden a aislarse y les cuesta mucho establecer relaciones de amistad y de toda índole. Y si llegan a lograrlo no perduran por mucho tiempo por el hecho de no saber como mantenerlas.

ÁREA ESPIRITUAL

En el área espiritual, las víctimas tienen problemas para creer en Dios. Se les dificulta orar, confiar, y establecer una relación íntima con Él. Les cuesta creer en su amor y misericordia, y también son faltos de esas mismas virtudes. Siempre se sentirán indignos del amor y perdón de Dios, y les es difícil aceptar, y comprender sus promesas de protección y ayuda. Se tornan descreídas, cínicas y en apariencia realistas, aunque debajo de esa máscara oculten el miedo a interactuar con sus semejantes.

DÍA 55

ÁREA ESPIRITUAL

Es necesario aclarar que en esta área éstos síntomas se acentúan mucho más, si el victimario es el padre de la víctima.

A ellas les costará entender como un padre quien se supone que es quien debe cuidarla y protegerla, pueda ser el responsable de un acto de esa naturaleza.

ÁREA SEXUAL

En el área sexual a las víctimas se les hace difícil tener relaciones sexuales normales, y en el peor de los casos se puede sufrir de frigidez.

Pero en el otro extremo, las víctimas pueden quedar atrapadas en la prostitución, en la adicción al sexo, en el homosexualismo, el lesbianismo, los cuales son la práctica del sexo con personas del mismo sexo.

Una situación conlleva a la otra hasta atrapar a las víctimas en actos aberrantes sexualmente hablando, por lo que las víctimas son expuestas a toda clase de desviaciones sexuales.

DÍA 56

ÁREA SEXUAL

En el área sexual también encontramos el exhibicionismo. Una de las definiciones de esta palabra, es la de mostrar en público los genitales, las partes íntimas o privadas del cuerpo. La acción de descubrir la desnudez, en la mayoría de los casos proviene de algún tipo de abuso. El usar ropas muy provocativas es otra de las señales. Podríamos mencionar dentro de esta categoría, a las personas que se dedican a la pornografía, y a desnudarse en público.

Es necesario aclarar que en el caso de la ropa provocativa, muchas veces las personas la usan por seguir las modas y formas de vestir de la época, o por sus culturas. No se puede hacer un juicio a la ligera sobre estas cuestiones, siempre es bueno ser guiados por el Espíritu Santo, y que Él nos revele la situación o necesidad.

DÍA 57

ÁREA SEXUAL

En el otro extremo del exhibicionismo, encontramos a las víctimas con una necesidad exagerada de cubrir sus cuerpos. La razón es, que en el subconsciente de la persona subsiste un sentimiento de culpabilidad muy fuerte, y sin siquiera razonarlo se culpan de los actos aberrantes del abusador.

Por lo general tratan de usar ropas holgadas, sobre todo cuando se es adolescente.

También caen en el descuido de la higiene y arreglo personal. Por todos los medios, las víctimas tratarán de no llamar la atención.

Las víctimas tratarán de esconderse de todos, y usaran los métodos más inimaginables para lograrlo. Como por ejemplo, cuando se es niño, son demasiado callados. Se les puede confundir como niños muy educados. Pero en el otro extremo se comportan irrespetuosos y agresivos. Por todos los medios tratarán de llamar toda la atención.

MALDICIONES HEREDADAS

DÍA 58

En **Éxodo 3-4 6-7** Dice:

Y pasando Jehová por delante de él proclamó; ¡Jehová! ¡Jehová! Fuerte, Misericordioso y piadoso; Tardo para la irá y grande en misericordia y verdad. Que guarda misericordia a millares, que perdona la iniquidad, la rebelión y el pecado, y que de ningún modo tendrá por inocente al malvado; Que visita la iniquidad de los padres sobre los hijos de los hijos hasta la tercera y cuarta generación.

El abuso sexual es una maldición que heredamos de nuestros antepasados, los cuáles por medio de sus iniquidades sexuales, le abrieron la puerta a Satanás.

Con sus actos, le otorgaron derechos de destrucción a través del abuso sexual, a sus generaciones hasta la tercera y cuarta generación.

Pero es importante tomar conciencia que Satanás no puede causarnos ningún daño si nosotros no le damos derecho para hacerlo.

Día 59

Las maldiciones que pasan de generación en generación, son generadas por nuestros antepasados. Luego, si nosotros desobedecemos las normas sexuales señaladas por Dios, entonces generamos más maldiciones y se las entregamos en heredad a nuestros hijos y así sucesivamente.

Es como una bola de nieve que no para, si no que cada vez se hace más grande. Sólo parará cuando decidamos pedir perdón y quebrantemos toda maldición en el nombre de Jesús.

Algunas normas sexuales

1. No Fornicarás. = "Mente"
2. No Adulterarás. = "Mente"
3. No tener sexo con animales.
4. No adorarás dioses falsos.

La adoración a dioses falsos es la fuente principal, donde se generan la mayoría de las maldiciones.

Día 60

La maldición de abuso sexual es alimentada por los pecados sexuales. Podemos mencionar entre algunos al adulterio, la fornicación, los malos pensamientos sexualmente hablando. El adulterio espiritual que es la idolatría.

EJEMPLO

Libro 2 de Samuel Capitulo 13:

Tamar, hija del rey David, fue violada por su hermano Amnón, después que el rey David cometió adulterio con Betsabe, esposa de Urías.

EJEMPLO

Libro de los Jueces Capitulo 19:

La historia del levita al cuál su concubina le fue infiel. Y luego de este hecho, algunos hombres del pueblo de Gabaa, cometieron tal acto de violación, contra ella, que le provocó la muerte.

DÍA 61

La Palabra nos habla que el pueblo de Dios cayó en esos pecados, tanto adulterio físico, como espiritual. Las consecuencias fueron gravísimas.

Las leyes puestas por Dios son para vida, pero si las quebrantamos, producen dolor y muerte.

Como parte de sus rituales y adoración; muchos de los ídolos que relata el antiguo testamento, exigían a sus adoradores prácticas inmorales sexualmente hablando.

Por lo tanto, la idolatría es una de las puertas principales por donde Satanás trae maldiciones a los seres humanos. Estas maldiciones afectarán de generación en generación, y nos perseguirán hasta destruirnos. Debemos ponernos firmes, y quebrantarlas, en el nombre de Jesús.

DÍA 62

En **Isaías 45-2** dice:

Yo iré delante de ti, y enderezaré los lugares torcidos; Quebrantaré puertas de bronce y cerrojos de hierro haré pedazos.

Dios promete desmenuzar, y aniquilar todas las puertas que Satanás ha utilizado por miles de años, para destruir nuestras vidas, y a nuestras generaciones.

La Biblia dice que las maldiciones nunca vienen sin causa. Siempre existe un motivo. La razón de ésta maldición de abuso, son las iniquidades sexuales.

En **Éxodo 12-23** dice:

Porque Jehová pasará hiriendo a los egipcios; Y cuando vea la sangre en el dintel y en los dos postes, pasará Jehová aquella puerta, y no dejará entrar al heridor en vuestras casas para herir.

DÍA 63

Nosotros debemos de creer en Cristo, creer en sus promesas de poder y autoridad, sobre todo poder de las tinieblas. Debemos atarlos y echarlos fuera de nuestras vidas.

Debemos creer, que la sangre de Cristo nos da cobertura. Y que Satanás no tendrá ningún poder sobre nuestras vidas, ni sobre nuestras generaciones.

En **Mateo 16-18** Dice:

Y yo también te digo, que tú eres Pedro, y sobre esta roca edificaré mi iglesia; Y las puertas del Hades no prevalecerán contra ella.

En otras palabras Jesucristo edifica su iglesia en su nombre, y con su poder y autoridad. Satanás y sus puertas de maldición no podrán imponerse o triunfar sobre ella.

Sólo es creerle a Cristo y a sus promesas de poder y autoridad, para echar fuera de nuestras vidas, todo poder de las tinieblas.

MALDICIONES QUEBRANTADAS

DÍA 64

En **Apocalipsis 1-17-18** Dice:

No temáis; Yo soy el primero y el último, y el que vivo, y estuve muerto; Más eh aquí que vivo por los siglos de los siglos, amén. Y tengo las llaves de la muerte y del Hades.

Jesucristo obtuvo las llaves de la muerte y del Hades y se las entregó a la iglesia. La iglesia tiene la responsabilidad de trastornar el reino de las tinieblas y desbaratar toda maldición y reducirlas a la nada.

Como hijos de Dios, tenemos el poder de atar y desatar, de confundir y destruir toda potestad, todo gobernador, toda tiniebla, toda maldición y toda hueste de Satanás. A medida que aprendamos a descubrir el reino de las tinieblas y sus mentiras, los desmantelaremos y los echaremos fuera de nuestras vidas, de nuestras mentes, de nuestros corazones y de nuestras casas.

PASOS DE SANIDAD

DÍA 65

A medida que Dios ocupe su lugar en nuestros corazones y en nuestra voluntad, Satanás tendrá que salir huyendo, sus mentiras y engaños quedarán al descubierto. Entonces el poder de las tinieblas, desaparecerá, se esfumará completamente.

PASOS DE SANIDAD INTERIOR

PASO 1

El primer paso que debemos de dar para nuestra sanidad interior, es aceptar que tenemos un problema interno. Así como aceptamos y buscamos ayuda para nuestras heridas físicas, de la misma manera debemos aceptar y buscar ayuda para nuestras heridas internas o del alma.

Satanás es el único que puede herir nuestro ser interior o nuestra alma, por medio de sus artimañas y el pecado. De igual manera Dios es el único que nos puede sanar interiormente, a través del poder y la unción del Espíritu Santo.

DÍA 66

Por ésta razón las personas heridas, tienen que estar dispuestas a rendirse totalmente a Dios, reconociendo que dependen de Él para alcanzar la sanidad. Cristo quiere sanarnos, pero no lo hará, si nosotros no se lo pedimos.

En **Mateo 5-3** Dice:

Bienaventurados los pobres en espíritu, porque de ellos es el reino de los cielos.

Ser pobre en espíritu, es reconocer nuestra dependencia de Dios, en todo momento y en toda circunstancia. No importando lo difícil que estas puedan ser. Dios, como nuestro padre, quiere llamar nuestra atención, ser el centro, El Todo en nuestras vidas.

PASO 2

En el segundo paso, las personas heridas tienen que estar dispuestas a enfrentarse con el dolor y confrontarlo.

DÍA 67

Por no querer confrontarlo, muchos se han quedado en la mitad del camino. Por que se niegan a sufrir el dolor que produce el proceso de sanidad. Muchas veces el dolor, es producido por recuerdos traumáticos traídos a la memoria.

Existe una sola forma de lidiar con las heridas físicas, que se han infectado. Se debe aprisionar la herida con fuerza sin importar el dolor que esto ocasione. Y si se quiere una verdadera sanidad, no se deja de presionar hasta que toda la materia que ha producido la infección halla salido fuera.

De igual forma, las heridas internas o del alma, tienen que atravesar por la puerta del dolor, para poder encontrarse con la sanidad. No existe otra forma. Si tratamos de esconder lo que nos duele, o lo que nos afecta, nunca lo enfrentaremos, siempre estará ahí dañándonos.

DÍA 68

Humanamente hablando, siempre trataremos de ocultar todo lo que nos produce molestia, o incomodidad, sin importar quién sea el culpable. Sea que, somos los que hemos dañado o los que hemos recibido el daño.

El dolor también puede ser producido por recordar a las personas, a las cuáles nos negamos a perdonar. Por la amargura y emociones destructivas, que las situaciones difíciles nos han dejado.

En **Mateo 5-4** Dice:

Bienaventurados los que lloran, porque ellos recibirán consolación.

PASO 3

En el tercer paso, en el proceso de la sanidad, las personas tienen que estar dispuestas a pedir perdón y a perdonar toda ofensa o agresión.

DÍA 69

El perdón no es una alternativa, es un mandamiento, y por lo tanto debemos aprender a obedecerlo.

En **Mateo 6-15** Dice:

Mas si no perdonáis a los hombres sus ofensas, tampoco vuestro Padre os perdonará vuestras ofensas.

El perdón no es una emoción, es una decisión. No podemos esperar a sentir el perdón. Tenemos que confesar, declarar, doblegar toda nuestra voluntad, reconociendo que también nosotros hemos defraudado a otros.

Lo contrario al perdón es la venganza. El que no perdona, entra en un proceso de guerra con las personas que no ha querido perdonar. Y si esa guerra no se detiene a tiempo con el perdón, cada día se hará más implacable, al grado que se puede destruir a uno mismo, y a las otras personas, con el mecanismo de la venganza.

DÍA 70

En **Efesios 4-26** Dice:

Airaos, pero no pequéis; No se ponga el sol sobre vuestro enojo, ni deis lugar al diablo.

No dejarse vencer de lo malo. Por el contrario, vencer el mal con el bien. No existe otra forma de vencer las tinieblas.

Por eso, es importante estar dispuestos a perdonar y olvidar todo sentimiento de venganza, y entrar en un proceso de sanidad. Para lograrlo, hay que rendirse en plena mansedumbre y tomar la decisión de perdonar, sin importar lo difícil que esto resulte.

En **Mateo 5-5** Dice:

Bienaventurados los mansos, porque ellos recibirán la tierra por heredad.

DÍA 71

Lo que el Espíritu Santo espera, es nuestra declaración de perdón. Si Él, no encuentra esta disposición en nuestro corazón. Entonces Él no podrá actuar a favor de nosotros.

El perdón es un beneficio para el que perdona, no es un requerimiento, o imposición de parte de Dios sin sentido.

En **Mateo 5-6** Dice:

Bienaventurados los que tienen hambre y sed de justicia, porque ellos serán saciados.

Después de haber perdonado plenamente, el proceso de sanidad empieza a manifestarse de una manera poderosa.

Te sorprenderás del hambre y de la sed que se despertará en tu interior por sentir la presencia de Dios, y por conocerlo cada vez más y por hacer su voluntad.

DÍA 72

Entonces y sólo entonces el amor de Dios inundará todo nuestro ser sin ningún impedimento, y empezaremos a amar a Dios, de una manera que jamás la hemos experimentado antes, y empezaremos amarnos y aceptarnos a nosotros mismos.

En **Levítico 19-18** Dice:

No te vengarás, ni guardarás rencor a los hijos de tu pueblo, sino amarás a tu prójimo como a ti mismo. Yo Jehová.

Entonces **Levítico 19-18** surgirá en nosotros sin ninguna complicación. Amaremos a los demás sin importar como ellos se conduzcan y los aceptaremos tal y como ellos son.

Nadie puede amar a los demás, si primero no aprende a aceptarse así mismo.

DÍA 73

En **Mateo 5-7** Dice:

Bienaventurados los misericordiosos por que ellos alcanzarán misericordia.

Esto es lo que he aprendido de mi pastor. Que misericordia es darle a otra persona, no lo que merece, sino lo que necesita.

Antes de la sanidad se pueda pensar que la persona que hiere no merece el perdón, pero después de la sanidad querrás compartir, de la misma misericordia, que Dios te ha regalado.

Nunca le niegues a nadie ésta virtud. Porque no sabes, cuando tú necesitarás que otros apliquen misericordia contigo.

En **Mateo 5-8** Dice:

Bienaventurados los de limpio corazón, por que ellos verán a Dios.

DÍA 74

Solamente, con un corazón limpio podrás ver quién es Dios. Los mitos, las imágenes erróneas que antes tenías de Él, se irán de tu mente y de tu corazón. Mirarás a sus ojos y estarás seguro.

En **Mateo 5-9** Dice:

Bienaventurados los pacificadores, porque ellos serán llamados hijos de Dios.

Los pacificadores son personas que no sólo se dedican a intermediar por la paz de otros, sino que ellos mismos aprenden a negarse así mismos, para tener un encuentro con la paz de Dios, la cual sobrepasa todo entendimiento.

Esta clase de paz, no se puede entender con nuestra mente natural, sólo se percibe en el interior, con nuestro corazón, en el espíritu. Esta paz, que sólo Dios provee, pone fin a todo conflicto interno.

DÍA 75

En **Mateo 5-10** Dice:

Bienaventurados los que padecen persecución por causa de la justicia, porque de ellos es el Reino de los Cielos.

Para poder cumplir con **Mateo 5-10-11**: a cabalidad, y para poder retener nuestra sanidad, tenemos que aprender ciertas normas y mandamientos claves que nos ayudarán a salir victoriosos de toda persecución.

Nunca debemos olvidar, que el poder transformador y sanador viene en su totalidad de Dios, de la Palabra y del Espíritu Santo. Lo único que nosotros debemos rendir es nuestra voluntad.

La persecución que viene con las pruebas, muchas veces trae al ser humano, aprendizaje y toma de conciencia. Nunca tendrás noción del daño que puedes ocasionar a otros, hasta que tú mismo hallas experimentado el dolor que esto ocasiona.

DÍA 76

Existen dos maneras de aprender las verdades bíblicas: la primera, es por medio de la vista, es decir por medio de la lectura de la Palabra.

La segunda, por medio del oído, a través de la enseñanza.

También existen dos formas de obedecerlas, la primera, es por medio de rendir nuestra voluntad a Dios, y la segunda, es por medio de la prueba o el tránsito por un momento difícil.

Después de haber obtenido la sanidad; La persona tiene que entrar inmediatamente en un proceso de aprendizaje para poder retener la victoria.

Entonces, el terreno que antes ocupaba Satanás, ahora pertenecerá a Dios.

Toda fortaleza ha sido derribada, y toda atadura ha sido desatada. Ahora Dios gobernará nuestra vida totalmente, pertenecemos a otro reino y tenemos que aprender a vivir en él.

DÍA 77

Al igual que la sanidad, la entrada al reino de los cielos es gratuita. Es un regalo, obtenido por medio de Jesucristo en la cruz del calvario.

Con la acción de creer en nuestro corazón, y confesar con nuestra boca que Jesucristo es el Señor, tendremos libre acceso al reino de los cielos. Pero nuestra permanencia dentro del reino, es un asunto que sólo nos concierne a ti y a mí.

De igual manera, como aprendemos a vivir en otra ciudad, y en otro país que no es el nuestro, y tenemos que sujetarnos a las leyes de ese lugar, y si no lo hacemos entramos en conflicto.

De la misma manera, es en el reino de los cielos, sólo que con una diferencia muy grande. Para permanecer en el reino de los cielos, tenemos la ayuda y el poder del Espíritu Santo.

Para establecerse en el Reino de los Cielos, todo tu ser tendrá que anhelarlo. Por lo tanto nuestra delicia será obedecer al Rey.

REINO DE LOS CIELOS

DÍA 78

Mandamientos claves para retener nuestra sanidad.

TEMOR DE DIOS

Debemos aprender a honrar a Dios, y respetarlo, como nuestro Padre. Reconocerlo como lo que Él es: el Dios todopoderoso. Debemos obedecer su palabra, honrar al Hijo y al Espíritu Santo.

En **Proverbios 8-13** Dice:

El temor de Jehová es aborrecer el mal.

HUMILDAD

Nadie nace humilde, la humildad se tiene que aprender. Tenemos que estar concientes de que Dios es soberano, y que Él puede hacer con nuestra vida lo que a Él le plazca. Debemos aprender a darle a Él, y a los demás lo primero, lo mejor. Debemos dejar a un lado, todo lo que tenga que ver con el orgullo, y con la vanagloria.

DÍA 79

En **Mateo 11-29** Dice:

Llevad mi yugo sobre vosotros, y aprended de mí, que soy manso y humilde de corazón. Y hallaréis descanso para vuestras almas.

En **Salmos 119-7** Dice:

Bueno me es haber sido humillado, para que aprenda tus estatutos.

AMAR A LOS ENEMIGOS

Amar a nuestros enemigos no es una opción, es un mandamiento. Pero llevarlo a cabo es un acto de nuestra voluntad, y por lo tanto, tenemos que hacerlo, y sólo después de esta decisión, el Espíritu Santo, depositará de su amor en nuestros corazones.

Debemos recordar que Dios respeta nuestra voluntad, aunque nuestra voluntad esté fuera de la suya.

DÍA 80

Todo cambio en nuestra vida depende en primer lugar de nuestra elección, de nuestra voluntad. Dios no hará nada en contra de nuestra voluntad, en lo que a nuestro cambio se refiere.

En **Mateo 5-44-45** Dice:

Pero yo os digo: Amad a vuestros enemigos, bendecid a los que los maldicen, haced bien a los que os aborrecen, y orad por los que os ultrajan y os persiguen. Para que seáis hijos de vuestro Padre que está en los cielos.

NO JUZGAR

Nuestro juicio, por más que esté basado en la Palabra, siempre estará incompleto; Ya que nunca conoceremos al cien por ciento, la profundidad de lo que juzgamos.

Dejar el último dictamen en las manos de Dios, es lo mejor. Ya que si no lo hacemos corremos el riesgo de caer en la misma falta que juzgamos.

DÍA 81

DOMINIO PROPIO

Dominar nuestro yo, es algo que también se aprende. Y se logra a través de rendirse a Dios, rendirle nuestros derechos, y someterlos a su Palabra.

Aquel que carece de domino propio, siempre lo encontraremos defendiéndose, justificándose, escudándose y hablando largamente de lo que otros hacen en contra de él (o ella). Aquellos que dominan su propio yo, dejarán que la voluntad de Dios predomine.

El día que entremos en esa rendición total, todo nos saldrá bien y haremos prosperar nuestro camino.

En **Proverbios 16-32** Dice:

Mejor es el que tarda en airarse que el fuerte, y el que se enseñorea de su espíritu, que el que toma una cuidad.

DÍA 82

MISERICORDIA

Un corazón misericordioso, es el resultado del trabajo del Espíritu Santo en nuestras vidas. Para lograr este fruto. La clave es rendirse a Dios en total mansedumbre.

Se aprende misericordia, cuando otros nos rechazan, cuando nos juzgan, cuando nos critican, cuando nos fallan, cuando nos menosprecian, cuando son injustos con nosotros. Y cuando todo esto nos incomoda y nos hace sentir mal, entonces no desearemos nunca que otros pasen por las mismas experiencias. Y por el mismo dolor que nosotros hemos experimentado, entonces la misericordia será parte de nuestra naturaleza, estará impregnada en nuestro carácter.

En **Jeremías 30-17** Dice:

Mas yo haré venir sanidad par a ti y sanaré tus heridas, dice Jehová.

DÍA 83

Todo lo que ha sucedido en nuestras vidas es el producto de nuestras elecciones y decisiones. Sumados a las elecciones y decisiones que hemos heredado de nuestros antepasados. Pero está en nosotros la responsabilidad, de sustituir una vida de maldición por una vida bendecida en y por Dios.

Por lo tanto, no podemos esperar a que Dios nos transforme, como si la transformación, dependiera sólo de su voluntad. Él tiene pensamientos de bien y no de mal para nosotros, y quiere darnos su bendición, salvarnos, restaurarnos, y cumplir todas sus promesas. Únicamente está esperando nuestra decisión.

En conclusión, todo depende de nuestra voluntad, de nuestras elecciones y decisiones. Pero el poder sanador, transformador, todo el poder libertador viene en su totalidad de Dios.

DÍA 84

En **Deuteronomio 30-19** Dice:

A los cielos y a la tierra llamo por testigos hoy contra vosotros, que os he puesto delante la vida y la muerte, la bendición y la maldición; Escoge pues, la vida para que vivas tú y tu descendencia.

Amando a Jehová tu Dios atendiendo a su voz, y siguiéndole a Él porque Él es vida para ti, y prolongación de tus días; A fin de que habites sobre la tierra que juró Jehová a tus padres, Abraham, Isaac y Jacob que les había de dar.

En **Deuteronomio 30-11-12** Dice:

Porque este mandamiento que yo te ordeno hoy no es demasiado difícil para ti, ni está lejos. No está en el cielo, para que digas: ¿Quién subirá por nosotros al cielo, y nos lo traerá y nos lo hará oír para que lo cumplamos?

DÍA 85

Los mandamientos, están en relación directa con el comportamiento que tenemos con nuestros semejantes. Para obedecerlos, tenemos que abandonar todo orgullo, vanagloria y egoísmo.

¿En algún momento te has puesto a pensar que somos el cuerpo de Cristo?

SOMOS SUS OJOS

De la manera que tú miras a los demás, revela cuándo Dios se ha manifestado en tu interior.

A través de la mirada de Dios, sólo encontramos amor, compasión y misericordia para los seres humanos. Por eso **Juan 3-16** Dice: *De tal manera amó Dios al mundo que dio a su hijo unigénito para morir en la cruz por nosotros.*

En **Isaías 29-18** Dice:

"Y los ojos de los ciegos verán en medio de la oscuridad y de las tinieblas."

DÍA 86

Cuando estemos atravesando el tiempo de prueba, y Satanás ande rondándonos alrededor para devorarnos, podremos discernir a través de los ojos espirituales, que nuestros enemigos, no son en absoluto los seres humanos, sino todo el reino de las tinieblas.

SOMOS SUS OÍDOS

Existen tantas y tantas quejas, que muchas veces no nos detenemos a examinarlas. Pero cuando Dios abre tus oídos espirituales, entonces tendrás la capacidad de oír la voz y el grito de los abatidos, de los cautivos, de los prisioneros, de los enlutados, de los afligidos, de los oprimidos, de los encarcelados, y de los que quedaron quebrantados de corazón.

Alcanzarás a percibir su llanto y su queja, aún cuando ellos traten de dañarte con sus palabras. Aún entonces oirás, no sus palabras hirientes, sino su clamor de pedido de ayuda y necesidad.

DÍA 87

SOMOS SUS MANOS

Las manos del Señor sólo saben edificar, construir, formar y restaurar, a sus hijos. En **Salmos 33-15** Dice: *"Él formó el corazón de todos ellos, atento está a todas sus obras."*

SOMOS SUS PIES

Los pies, llevan las buenas nuevas donde sólo existe el mal. Llevan la luz a la oscuridad. Nunca se cansarán ni tropezarán los que en Él confían. Levantarán alas como las águilas. La derrota y el fracaso caerán de bajo de nuestros pies. Y nos enseñoréaremos de ellos.

SOMOS SU IMAGEN

Su imagen estará impregnada en nuestro carácter, y nadie nos podrá arrebatar de sus manos ni alejarnos de ella.

Como dice en Isaías: "Ninguna arma forjada contra nosotros prosperará".

ELECCIONES Y SENTIMIENTOS

DÍA 88

Considero necesario aclarar algunos puntos acerca de mi testimonio y del contenido del libro en general.

DÍA 1

En este día, yo solamente estoy narrando mi punto de vista. Es verdad que mi madre no mostraba mucho sus sentimientos hacía mí, pero eso no quiere decir que no me amaba. Yo tuve siempre conciencia de su dedicación y amor hacía mí.

DÍA 4

En este día, el relato del abuso sexual, lo quise hacer de una manera que no fuera tan tosca, tan grotesca, como suelen ser estos casos.

DÍA 6

En este día, yo sentí que mi madre no me había defendido, pero en realidad sólo fue mi apreciación del momento. Porque aunque mi madre no me defendió en ese instante, ahora estoy cien por ciento segura del dolor e impotencia que todo aquello trajo a su vida.

DÍA 89

DÍA 8

Mi madre nunca hizo distinción entre sus hijos. Para ella todos éramos iguales y siempre fuimos tratados de la misma manera. Si Dios me diese una nueva oportunidad de volver a vivir mi vida –esto lo pongo como ejemplo–, me negaría si mi madre no estuviera conmigo. Yo siempre la he amado, ella ha sido muy importante en mi vida. Pero ahora con Cristo en mi corazón, ese amor nunca decrecerá, sino que cada vez se hará más y más fuerte.

DÍA 15

En este día yo elegí darle cabida al odio, en mi corazón. El que daña es culpable del daño que causa, pero el que recibe el daño, es responsable de aceptar el daño en su corazón, y de no tratar la ofensa como Dios nos pide en su Palabra. El que decide odiar es responsable delante de Dios, por ese pecado.

DÍA 90

DÍA 15

Quizás para algunos, esto podría parecer algo ilógico, ya que fácilmente ese odio se puede justificar. Pero a través de la luz de la Palabra no es justificable. Muchas veces la Palabra no concuerda con la lógica, por lo tanto fui responsable delante de Dios por esa elección y decisión.

DÍA 22

En este día, cuando relato y hago mención de la expresión "Evangelio completo", no me estoy refiriendo a que recibí una doctrina errónea. Con esa expresión me estoy refiriendo a lo que sucede cuando el amor, la misericordia y la compasión, son separadas de este mensaje de buenas nuevas.

Para que las enseñanzas del Evangelio sean completas y efectivas, nunca debe separarse de esas virtudes, cualidades y atributos.

DÍA 91

DÍA 22

En este día también estoy narrando mi sentir. La culpabilidad, el menosprecio, el rechazo y el comportamiento de los demás hacía mí, han sido el relato de mis sentimientos. Si existió o no en la realidad, no me compete a mí juzgarlo.

Sólo quise narrar mi experiencia y la manera como yo me sentí. Somos responsables de nuestros sentimientos y de nuestras decisiones, sean estas buenas o malas.

Por lo tanto —antes de tomar cualquier decisión—, debemos siempre examinar todos nuestros pensamientos y sentimientos, y acomodarlos a la Palabra y a la voluntad de Dios.

Nosotros mismos –con nuestro libre albedrío–, decidimos ir al cielo o transitar los caminos del infierno, Dios no es responsable por nuestra decisión. Él proveyó salvación para todos y también nos da la ayuda necesaria para deshacernos de todos los pensamientos negativos que pudieran venir a nuestra mente y atormentarnos.

DÍA 92

DÍA 24 A 35

La sanidad interior no tiene un método establecido y nunca viene por iniciativa humana. Por el contrario, es el resultado del poder y la unción de Dios. Los pasos establecidos en estos días, sólo son los más importantes, pero cada caso es individual, y tenemos que ser guiados por el Espíritu Santo.

DÍA 36 A 40

Las consecuencias del pecado son innumerables. Dios nunca tendrá por inocente al culpable, por eso es importante no tener cuentas largas con Dios. Debemos pedir perdón siempre y reconocer nuestro pecado delante de Él. Cuando señalamos a otros, cuando criticamos, murmuramos, y muchas veces nos reímos del pecado de otros, esto sólo es la muestra evidente de que no sabemos o no podemos reconocer nuestro propio pecado. Sin la sangre de Cristo, no hay justo ni aún uno.

DÍA 93

DÍA 41 A 50

Algunos de los síntomas de abuso sexual, fueron extraídos de mi propia experiencia. Los otros síntomas los tomé de experiencias de mujeres que me permitieron usarlos. Mujeres que el Señor me ha permitido conocer y ser su ministra a lo largo de mi vida cristiana. La mayoría fueron abusadas en la época de su niñez y adolescencia.

Según las estadísticas una de cada tres mujeres sufrirá abuso sexual en alguna época de su vida. Siendo la mujer la más vulnerable a este ataque. Una de las consecuencias de haber desobedecido a Dios, fue la enemistad que Dios puso ente Satanás y la mujer, entre su descendencia y la nuestra y él esta haciendo su parte al tratar de destruirnos. Ahora sólo falta que tú y yo hagamos lo nuestro, y no solo tratemos sino que lo destruyamos y lo echemos lejos de nuestras vidas y de esa casa que es nuestro corazón.

DÍA 94

DÍA 58 A 64

Jesucristo quebrantó toda maldición en la cruz del calvario. Y Él mismo dijo "conoceréis la verdad y la verdad os hará libres". Para ser completamente libres hay que adquirir un conocimiento.

Tenemos que conocer las promesas de Dios, la autoridad que tenemos, y lo que somos en Cristo.

DÍA 58 A 64

También tiene que haber un reconocimiento de nuestros pecados ocultos, traerlos todos a la luz de Cristo. Lo secreto, lo que nunca te has atrevido a confesar, lo que no quieres recordar por turbio, oscuro y atormentador que sea. Todo eso tiene que venir a la luz y tienes que pedir perdón por ello, para que sean quebrantadas todas las maldiciones.

DÍA 65 A 77

Aquí sólo puedo reflexionar y decir: "camina hacía tu sanidad y no te detengas".

DECISIONES Y SENTIMIENTOS

DÍA 95

DÍA 65 A 77

Bienaventurados los pobres en espíritu porque de ellos es el Reino de los Cielos.

Todo momento difícil, y todo sufrimiento que llegue a nuestra vida, siempre nos ha de colocar en el umbral de las decisiones. Por lo tanto tenemos que aprender a sostener nuestras decisiones y nuestros sentimientos, en la Palabra de Dios.

Todos los dones descienden a nosotros de Dios a través del Espíritu Santo. Este don, ha sido adquirido en por Jesucristo con su padecimiento, crucificado en el calvario. Por lo tanto Él sigue preguntándonos:

"¿Qué quieres que haga para ayudarte? ¿Quieres ser sano?"

En nosotros está la posibilidad de responderle.

ACERCA DE LA AUTORA

Nací en el año 1963 en un poblado del Estado de Jalisco en México. Hija de padres mestizos parte *huichola* y parte española, aunque no sabría decir a que generación pertenezco, tal vez a la quinta o a la sexta. También desconozco por completo cada una de las dos culturas.

Diecinueve años viví en ese poblado. Luego emigré a los Estados Unidos de Norteamérica, donde formé una familia: mi esposo, y mis dos hijos: Con los cuáles me convertí al Señor en el año de 1993.

Desde un principio de mi conversión, el Señor me llamó a su servicio, al cual me entregué por completo. Sin embargo me encontré con muchos obstáculos. Ahora entiendo que parte de esos impedimentos fueron a causa de mi falta de conocimiento de la verdad de la Palabra y, por lo tanto, de mi sanidad interior.

Para contactar conmigo, por favor, escríbeme a:
Salmista1@comcast.net
mi.nueva.historia@gmail.com